AF381503

BUSINESS

LA THÉORIE DES JEUX

Nash et le dilemme du prisonnier

Par Jean Blaise Mimbang
Sous la direction d'Isabelle van Steenkiste

50MINUTES.fr

LA THÉORIE DES JEUX

INTRODUCTION

Au quotidien, tous les agents (animaux ou personnes physiques et morales, économiques – politiciens, consommateurs, employeurs, producteurs, etc.) et les collectivités (équipes de sport, pays, armées, etc.) interagissent avec d'autres dans la prise de décisions. Ces interactions peuvent aller de la coopération au conflit.

Le champ d'action de la théorie des jeux est très vaste et ses applications se retrouvent dans des domaines aussi variés que les relations internationales, l'économie, les sciences politiques, la philosophie, l'histoire, etc. Cette théorie développe des outils visant à analyser les comportements (économiques, sociaux, etc.) sous forme de jeux stratégiques.

Historique

Les premières analyses des jeux stratégiques remontent à l'époque de la Renaissance. Mais il faudra attendre les xixe et xxe siècles pour que soit véritablement formalisée une théorie à ce sujet. Parmi les théoriciens du jeu de cette époque, l'on retrouve notamment les mathématiciens et économistes Antoine Augustin Cournot, Émile Borel, John von Neumann, Oskar Morgenstern et John Forbes Nash, dont les apports respectifs seront développés dans le chapitre suivant.

<u>**BON À SAVOIR : LA RENAISSANCE**</u>

Il s'agit d'un mouvement européen qui s'étend de la fin du Moyen Âge au début des Temps modernes. Il se caractérise par un changement de mentalité dans les domaines littéraire, artistique, scientifique et par une diffusion des connaissances parmi les lettrés. D'origine italienne, la Renaissance se propage en Europe dès le xvie siècle.

Définition du modèle

La théorie des jeux étudie les conséquences de l'interaction stratégique entre des agents rationnels (joueurs) poursuivant des objectifs qui leur sont propres, dans un cadre défini. De telles interactions passent par la négociation, la compétition, l'entraide, la fourniture d'un bien ou d'un service, etc., autant d'actions possibles qui mèneront à un résultat. L'issue se solde par un gain, positif ou négatif, perçu par chaque individu ayant pris part au jeu.

Le but de cette théorie est de montrer que les individus, les entreprises ou même les pays sont mutuellement interdépendants et qu'il est dans leur intérêt de trouver un équilibre afin que leurs interactions soient bénéfiques à tous. De plus, cette théorie nous invite à prendre conscience que même si la coopération n'est pas aisée, il vaut mieux s'entendre que se combattre.

DONNÉES-CLÉS

- **Dénominations ?** Théorie des jeux, théorie des comportements (choix) stratégiques ou théorie de la décision interactive.
- **Usages ?** Justification des lois et normes sociales dans le but de maintenir la coopération dans un groupe ; utilisation dans le processus de prise de décisions politiques ; compréhension des rapports de force dans une négociation ; outil d'analyse des conflits ;

outil permettant de générer la confiance dans un groupe ; application dans la logique et la théorie des ensembles ; utilisation en économie, en biologie, en informatique et dans la théorie de l'évolution.

- **Raisons de son efficacité ?** La théorie des jeux est un formidable outil dans les négociations, car elle nous invite à réfléchir sur la complexité des interactions sociales et montre que :
  - les individus, les entreprises et les pays sont mutuellement interdépendants ;
  - l'interaction est bénéfique dans la résolution des problèmes communs ;
  - la coopération n'est pas facile à mettre en œuvre ;
  - dans certains cas, lorsque chaque individu privilégie son intérêt propre, l'intérêt collectif peut ne pas être atteint ;
  - la manière de faire des choix stratégiques en situation de coopération est variée.
- **Mots-clés ?**
  - <u>Interaction</u> : action collective dans laquelle un joueur effectue une action ou prend une décision, laquelle décision est influencée par un autre joueur.

- ◦ <u>Stratégie</u> : spécification complète du comportement d'un joueur dans n'importe quelle situation où ce dernier est amené à jouer.

THÉORIE – PRÉSENTATION DU CONCEPT

LA THÉORIE DES JEUX ET SES PENSEURS

Les prémices de la théorie des jeux, à proprement parler, se trouvent dans les œuvres des mathématiciens de la première moitié du XIXe siècle.

Antoine Augustin Cournot

Le premier à étudier les aspects stratégiques des interactions entre agents économiques est Antoine Augustin Cournot (mathématicien, philosophe et économiste français, 1801-1877). Son ouvrage, *Recherches sur les principes mathématiques de la théorie des richesses*, publié en 1838, contient les prémices de la théorie des jeux développée ensuite dans les années 1950. Il analyse les différentes formes de concurrence dans les situations de duopole (marché opposant deux vendeurs) et dans le contexte particulier de l'équilibre de Nash (entre producteurs), dont il donne les premières formulations.

Francis Ysidro Edgeworth

Alors que Cournot analyse les interactions stratégiques entre deux entreprises productives, l'économiste et avocat anglais Francis Ysidro Edgeworth (1845-1926) élargit le raisonnement et applique le modèle à un cas d'économie sans production. Dans *Mathematical Psychics, an Essay on the Application of Mathematics to the*

Moral Sciences (1881), l'auteur élabore un outil de représentation des interactions entre deux agents économiques non productifs : la boîte d'Edgeworth. Cet ouvrage marque l'introduction des mathématiques en économie.

Ernst Friedrich Ferdinand Zermelo

La littérature moderne sur la théorie des jeux admet volontiers que le premier théorème formel de la théorie des jeux émane d'Ernst Friedrich Ferdinand Zermelo (mathématicien allemand, 1871-1953) en 1913. Repris par de nombreux auteurs, ce théorème connaît plusieurs énoncés possibles. Reprenons ici la version de Mas Colell *et alii* de 1995 qui dit en substance que dans tout jeu fini – dont le nombre de parties est connu d'avance – à information parfaite – chaque joueur connaît, outre les siens, les ensembles de stratégies et les fonctions de gains de tous les autres joueurs –, il existe un équilibre que l'on nommera plus tard « équilibre de Nash ».

Celui-ci est composé de stratégies pures – suites d'actions choisies par un joueur avec certitude à chaque fois que ce dernier est susceptible de jouer – et est obtenu par induction rétroactive. Cette dernière consiste à déterminer les stratégies optimales des acteurs au dernier tour du jeu. Autrement dit, on raisonne en remontant le temps de la dernière partie du jeu à la première en déterminant à chaque étape du jeu, les stratégies optimales des joueurs. Ce concept sera illustré plus loin.

Émile Borel

Si toutes les contributions précédentes permettent de résoudre des jeux simples, c'est-à-dire avec des stratégies pures, l'apport du mathématicien français Émile Borel (1871-1956) marque un tournant dans la théorie des jeux à partir de 1921. Dans le tome IV de son ouvrage

Traité du calcul des probabilités et ses applications (1924-1934), l'auteur introduit les probabilités aux jeux de hasard et énonce le théorème du minimax pour les jeux à somme nulle, dans lesquels les gains d'un joueur correspondent aux pertes de l'autre. Dans le même ouvrage, l'auteur fait également la distinction entre deux catégories de jeux de hasard :

- la première regroupe les jeux dans lesquels la personnalité et l'habileté du joueur n'interviennent pas ;
- la seconde correspond aux jeux où interviennent à la fois le hasard à proprement parler et l'habileté des joueurs. Cette catégorie présente des similitudes avec des phénomènes économiques.

BON À SAVOIR : LE THÉORÈME DU MINIMAX OU THÉORÈME FONDAMENTAL DE LA THÉORIE DES JEUX À DEUX JOUEURS

Ce théorème est énoncé par Émile Borel en 1921, mais la première preuve complète est apportée quelques années plus tard (1928) par le mathématicien américain John von Neuman. Borel assure que dans un jeu non coopératif – jeu dans lequel toutes les options stratégiques offertes aux joueurs sont spécifiées – opposant deux joueurs, à information complète, à nombre fini de stratégies pures et à somme nulle (le gain de l'un correspond à la perte de l'autre), il existe au moins un équilibre où aucun joueur n'a intérêt à dévier de sa stratégie mixte – distribution de probabilités par un joueur sur ses stratégies pures.

Ce théorème est très important en théorie des jeux, car il fournit une méthode rationnelle de prise de décisions simultanées dans un contexte de concurrence (jeu à somme nulle).

John von Neumann et Oskar Morgenstern

La théorie des jeux nait réellement comme discipline à part entière en 1944 sous l'impulsion du mathématicien américain John von Neumann (1903-1957) et de l'économiste allemand Oskar Morgenstern (1902-1977). Ensemble, ils écrivent le livre *Theory of Games and Economic Behavior*, qui participe à l'essor considérable que connaît cette nouvelle discipline, et ce surtout en regard des comportements humains. Dans cet ouvrage, les auteurs proposent une solution d'équilibre dans le cas particulier d'un jeu à somme nulle. Les échecs, par exemple, opposant deux joueurs, présentent la particularité que les gains d'un joueur correspondent aux pertes de l'autre.

John Forbes Nash et les successeurs

Les travaux de l'économiste et mathématicien américain John Forbes Nash confortent cette fondation de la théorie des jeux en 1950. Il propose une solution d'équilibre pour les jeux à somme non nulle. Pour ce faire, il se base sur les travaux de l'économiste français Antoine Augustin Cournot de 1838 et propose une théorie d'équilibre non coopératif pour des jeux à somme variable. Cette théorie généralise la solution proposée en 1944 par John von Neumann et Oskar Morgenstern.

En 1965, l'économiste allemand Reinhard Selten (né en 1930) apporte sa pierre à l'édifice en introduisant le concept « d'équilibre parfait en sous-jeux ».

Dans le même ordre d'idées, l'économiste hungaro-australien naturalisé américain John Charles Harsanyi (1920-2000) apporte une contribution significative à la théorie des jeux grâce à son analyse approfondie des jeux à information incomplète appelés « jeux bayésiens ». C'est également à travers son article volumineux de 1967 qu'il popularise le concept très théorique « d'équilibre de Nash ».

Enfin, une systématisation de l'équilibre général est faite par le mathématicien canadien Donald Bruce Gillies (1928-1975) à partir de la boîte d'Edgeworth de Francis Ysidro Edgeworth.

À partir des années soixante-dix et quatre-vingt, la théorie des jeux connaît un développement important dans le domaine des mathématiques. Actuellement, elle est à la fois une branche de l'économie et des mathématiques, bien qu'elle soit, comme nous l'avons évoqué précédemment, applicable à de nombreux problèmes sociaux, médicaux, politiques et économiques.

Preuve de l'importance de cette discipline, plusieurs théoriciens des jeux ont reçu le prix Nobel d'économie ces dernières années :

- John Charles Harsanyi, John Forbes Nash et Reinhard Selten en 1994 ;
- l'économiste américain Thomas Schelling (né en 1921) et l'économiste israélien Robert Aumann (né en 1930) en 2005 ;
- les économistes américains Lloyd Shapley (né en 1923) et Alvin Roth (né en 1951) en 2012.

PRÉSENTATION DE LA THÉORIE DES JEUX

Les hypothèses qui soutiennent la théorie des jeux sont les suivantes :

- la rationalité des agents (joueurs), qui les pousse à parvenir à la meilleure situation possible pour eux, est mesurée par ce qu'on appelle « l'utilité » ;

- chaque joueur connaît, outre les siens, les ensembles de stratégies et les fonctions de gains de tous les autres joueurs (information complète) ;
- chaque participant prend les meilleures décisions pour lui-même dans le but de maximiser son utilité s'il s'agit d'un individu ou son profit s'il s'agit d'une entreprise, sachant que d'autres font de même ;
- les choix faits par le passé sont connus par tous les participants.

Formalités du jeu

Un jeu stratégique se caractérise par un ensemble de règles de jeu spécifiant :

- les joueurs ;
- les stratégies (actions ou décisions) ;
- la séquence des décisions (le déroulement du jeu) ;
- les gains ou l'utilité des joueurs (en fonction des stratégies des joueurs). L'utilité n'est pas une mesure du gain matériel, monétaire, etc., mais une mesure subjective du contentement des joueurs ;
- l'information à la disposition des joueurs. Cette

information peut être complète (parfaite) ou incomplète (imparfaite).

Typologie des jeux

Il existe plusieurs types de jeux :

- jeux à somme nulle ou strictement compétitifs et jeux à somme non nulle ;
- jeux avec décisions simultanées et jeux à décisions séquentielles ;
- jeux coopératifs et jeux non coopératifs ;
- jeux à deux joueurs et jeux à n joueurs ($n > 2$) ;
- jeux à information parfaite (complète) et jeux à information imparfaite (incomplète) ;
- jeux statiques (un tour) et jeux répétés (plusieurs tours) en horizon fini (nombre de tours déterminé) ou infini.

Typologie des stratégies

- <u>Stratégie pure</u> : suite d'actions choisie par un joueur avec certitude à chaque fois que ce dernier est susceptible de jouer.
- <u>Stratégie mixte</u> : distribution de probabilités par un joueur sur ses stratégies pures.
- <u>Stratégie faiblement dominante</u> : une stratégie S_i est faiblement dominante pour le joueur i

s'il existe une autre stratégie Si' qui offre un gain inférieur ou égal au joueur i.

- <u>Stratégie faiblement dominée</u> : une stratégie Si est faiblement dominée pour le joueur i s'il existe une autre stratégie Si' qui offre un gain supérieur ou égal au joueur i.
- <u>Stratégie strictement dominante</u> : une stratégie Si est strictement dominante pour le joueur i s'il n'existe pas une autre stratégie Si' qui offre un gain strictement supérieur au joueur i.
- <u>Stratégie strictement dominée</u> : une stratégie Si est strictement dominée pour le joueur i s'il existe une autre stratégie Si' qui offre un gain strictement supérieur au joueur i.

REPRÉSENTATIONS DES JEUX

Considérons le jeu suivant : deux joueurs (joueur 1 et joueur 2) décident de s'opposer.

- Stratégies du joueur 1 : X et Y
- Stratégies du joueur 2 : U et V
- Séquence de décisions : joueur 1 puis joueur 2
- Gains : la représentation de la matrice des gains est figurée par a et b, a représentant les gains du joueur 1 et b ceux du joueur 2

- Si le joueur 1 choisit *X* et le joueur 2 choisit *U*
    * gain joueur 1 : 4
    * gain joueur 2 : 2
- Si le joueur 1 choisit *X* et le joueur 2 choisit *V*
    * gain joueur 1 : 3
    * gain joueur 2 : 1
- Si le joueur 1 choisit *Y* et le joueur 2 choisit *U*
    * gain joueur 1 : 2
    * gain joueur 2 : 5
- si le joueur 1 choisit *Y* et le joueur 2 choisit *V*
    * gain joueur 1 : 9
    * gain joueur 2 : 0

Exprimons maintenant l'hypothèse d'une information complète entre les 2 joueurs. Il existe deux formes de représentation possible de ce jeu :

- une forme extensive, plus adaptée pour les jeux à décisions séquentielles

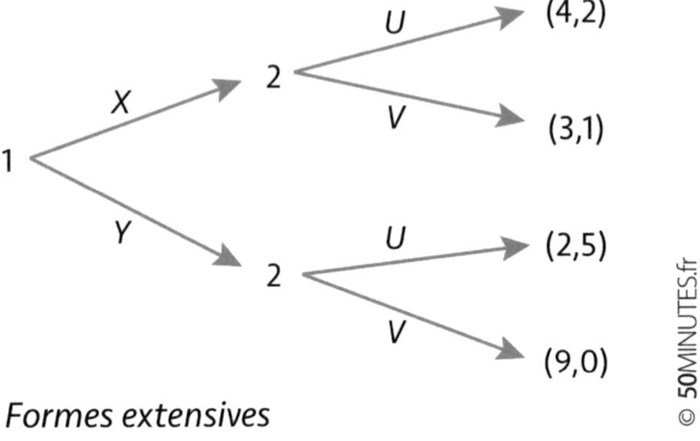

Formes extensives

- une forme stratégique, plus adaptée pour les jeux statiques à décisions simultanées

		JOUEUR 2	
		U	**V**
JOUEUR 1	**X**	(4,2)	(3,1)
	Y	(2,5)	(9,0)

Forme stratégique

À chaque forme extensive correspond un jeu sous forme stratégique dans lequel les joueurs choisissent simultanément les stratégies qu'ils mettront en œuvre. Par contre, un jeu sous forme stratégique peut correspondre à plusieurs jeux sous forme extensive différents.

Élimination successive des stratégies dominées

Afin de définir quelle stratégie sera jouée par le joueur 1 et quelle sera celle jouée par le joueur 2, déterminons les stratégies dominantes de chaque joueur.

Joueur 2

- Si le joueur 1 choisit X, alors le meilleur choix du joueur 2 est U car avec ce choix, il enregistre un gain de 2 (contre 1 s'il choisit V).
- Si le joueur 1 choisit Y, alors le meilleur choix du joueur 2 est U car avec ce choix, il fait un gain de 5 (contre 0 s'il choisit V).

Pour le joueur 2, la stratégie U domine strictement la stratégie V car elle offre au joueur 2 un gain supérieur dans les deux situations.

Par élimination de la stratégie *V* du joueur 2 (strictement dominée, car il perd quoiqu'il arrive), le jeu sous forme stratégique se présente de la manière suivante :

		JOUEUR 2	
		U	
JOUEUR 1	*X*	(4,2)	
	Y	(2,5)	

Stratégie dominante du joueur 2

Joueur 1

Étant donné que le joueur 2 choisit sa stratégie strictement dominante *U*, alors le meilleur choix du joueur 1 est *X* car avec ce choix, il bénéficiera d'un gain de 4 (au lieu de 2 s'il choisit *Y*)

Pour le joueur 1, la stratégie *X* est dominante, car elle offre un gain supérieur.

Par élimination de la stratégie dominée (celle

où il perd le plus) du joueur 1, le jeu sous forme stratégique se présente de la manière suivante :

		JOUEUR 2	
		U	
JOUEUR 1	*X*	(4,2)	

Stratégie dominante du joueur 1

La situation *X*, *U* correspond à l'équilibre de Nash.

Équilibre de Nash

L'équilibre de Nash est une situation dans laquelle aucun joueur ne souhaite modifier sa stratégie au vu des stratégies choisies par les autres joueurs. Puisque ces derniers agissent de manière stratégique, chacun jouera sa meilleure réponse par rapport aux stratégies des autres joueurs.

La détermination de l'équilibre de Nash se fait par élimination itérative (successive) des stratégies dominées, car ces stratégies ne sont jamais jouées par les joueurs (rationalité oblige).

Dans l'exemple qui nous occupe, l'équilibre de Nash correspond aux stratégies :

- *X* pour le joueur 1
- *U* pour le joueur 2

Et les gains associés sont les suivants :

- Gain joueur 1 : 4
- Gain joueur 2 : 2

BON À SAVOIR : ÉLIMINATION DES STRATÉGIES DOMINÉES

Un jeu peut être résolu par élimination itérative des stratégies dominées lorsqu'à la fin du processus d'élimination des stratégies dominées, il ne reste qu'une seule stratégie (profil unique) pour chaque joueur. L'équilibre de Nash est composé des stratégies ainsi obtenues.

L'équilibre obtenu par élimination successive des stratégies (strictement) dominées ne dépend pas de l'ordre choisi pour éliminer ces stratégies. Par contre, on peut obtenir un équilibre différent en choisissant d'éliminer les stratégies faiblement dominées. L'équilibre de Nash obtenu par élimination successive des stratégies strictement dominées est plus robuste que l'équilibre obtenu par élimination itérative des stratégies faiblement dominées.

Dans certains cas, les jeux ne peuvent être résolus.

Optimum de Pareto

Un jeu en stratégies pures peut compter plusieurs équilibres de Nash tout comme il peut n'en avoir aucun. Dans ce cas, le problème qui se pose est de savoir comment choisir un seul équilibre particulier.

L'optimum de Pareto affirme qu'un profil de stratégies A domine un profil de stratégies A' si A est strictement meilleur pour tous les joueurs.

BON À SAVOIR : NIVEAU DE SÉCURITÉ

On définit le niveau de sécurité d'une stratégie pour un joueur comme étant le gain minimum que peut apporter cette stratégie quel que soit le choix des autres joueurs. Le niveau de sécurité S_i du joueur i est le niveau de sécurité maximal des stratégies de i.

Dans le cas de notre exemple :

- le niveau de sécurité de la stratégie X du joueur 1 est 3 ;
- le niveau de sécurité de la stratégie Y du joueur 1 est 2 ;
- le niveau de sécurité de la stratégie U du joueur 2 est 2 ;
- le niveau de sécurité de la stratégie V du joueur 2 est 0.

Aussi le niveau de sécurité du joueur 1 est-il 3, tandis que celui du joueur 2 est 2.

Stratégies mixtes

Les stratégies que nous avons définies et utilisées jusqu'ici sont des stratégies pures (des options qui se présentent aux joueurs).

Comme définie plus haut, une stratégie mixte est une distribution de probabilités sur l'ensemble des stratégies pures. Les joueurs choisissent aléatoirement de jouer leurs stratégies avec une certaine probabilité.

Pour illustrer cela, reprenons notre jeu défini plus haut et supposons cette fois que le joueur 1 joue aléatoirement X et Y avec une probabilité de ½ (0,5) et supposons que le joueur 2 agit de même.

- Forme stratégique du jeu à stratégies mixtes : une fois sur deux (0,5 ou ½), le joueur 1 choisit la stratégie X et une fois sur deux (0,5 ou ½) la stratégie Y, et le joueur 2 fait de même.

		JOUEUR 2	
		0,5 U	**0,5 V**
JOUEUR 1	**0,5 X**	(4,2)	(3,1)
	0,5 Y	(2,5)	(9,0)

Forme stratégique du jeu à stratégies mixtes

- Gains espérés :
  - si le joueur 2 choisit U, alors les gains espérés du joueur 1 sont $(0,5 \times 4) + (0,5 \times 2) = 3$;
  - si le joueur 2 choisit V, alors les gains espérés du joueur 1 sont $(0,5 \times 3) + (0,5 \times 9) = 6$;
  - si le joueur 1 choisit X, alors les gains espérés du joueur 2 sont $(0,5 \times 2) + (0,5 \times 1) = 1,5$;
  - si le joueur 1 choisit Y, alors les gains espérés du joueur 2 sont $(0,5 \times 5) + (0,5 \times 0) = 2,5$.
- Équilibre de Nash en stratégies mixtes. Chaque joueur choisit la stratégie qui lui permet de maximiser son gain. À l'équilibre de Nash dans notre exemple, le joueur 1 choisit Y avec la probabilité ½ (0,5) et le joueur 2 choisit la stratégie V avec la probabilité ½ (0,5). Les gains espérés par les deux joueurs sont de 6 pour le joueur 1 et de 2,5 pour le joueur 2. Le théorème de Nash s'observe ici, puisque tout jeu sous forme stratégique détient un équilibre de Nash en stratégies mixtes.

DILEMME DU PRISONNIER

Plusieurs concepts de la théorie des jeux peuvent être étudiés au travers d'un seul et même exemple, le dilemme du prisonnier. La première version de ce dernier a été présentée par les chercheurs de la RAND Corporation (département de Recherche et Développement de l'US Air Force créé en 1945) en 1950. Il permet d'expliquer la course à l'armement, mais aussi le processus de désarmement nucléaire.

Énoncé du dilemme du prisonnier

Deux voleurs sont arrêtés par la police et interrogés séparément. La police, convaincue de leur culpabilité, ne dispose pourtant pas de preuves suffisantes pour les condamner lourdement. De leur côté et avant l'arrestation, les voleurs se sont juré de ne pas se trahir. La police, qui souhaite plus que tout obtenir les aveux des deux hommes, promet alors la liberté à celui qui parlera, s'il est seul à parler. De là surgit le dilemme : d'un côté, les prisonniers savent qu'ils n'écoperont que d'une faible peine s'ils n'avouent rien à la police et de l'autre, chacun est tenté individuellement d'avouer le crime pour bénéficier de la liberté.

Forme stratégique du dilemme du prisonnier

		JOUEUR 2	
		Nier	*Avouer*
JOUEUR 1	*Nier*	(-1,-1)	(-5,0)
	Avouer	(0,-5)	(-4,-4)

Forme stratégique du dilemme du prisonnier

Dans ce cas, les deux joueurs (voleurs) ont le choix entre deux stratégies : « nier » ou « avouer ». Dans chaque cellule apparaissent les *payoffs* (gains) des joueurs. Le premier chiffre correspond au résultat du joueur 1 et le second chiffre à celui de joueur 2. Par convention, on note ici le nombre d'années de prison en négatif pour montrer qu'il s'agit d'une perte d'utilité. L'objectif de chaque joueur est de minimiser le nombre d'années de prison.

Stratégies dominantes des deux joueurs

- Si le joueur 2 choisit de nier, le joueur 1 a intérêt à avouer pour éviter un an de prison et être ainsi libre.
- Si le joueur 2 choisit d'avouer, le joueur 1 a intérêt à avouer pour ne rester que quatre ans en prison au lieu de cinq s'il niait.
- Si le joueur 1 choisit de nier, le joueur 2 a intérêt à avouer pour éviter un an de prison et être ainsi libre.
- Si le joueur 1 choisit d'avouer, le joueur 2 a intérêt à avouer pour ne rester que quatre ans en prison au lieu de cinq s'il niait.

La stratégie « avouer » est ici une stratégie dominante pour les deux joueurs. En effet, quel que soit le choix d'un joueur, l'autre obtient toujours un meilleur résultat en dénonçant son complice. C'est ce qu'on appelle l'équilibre de Nash.

Équilibre de Nash du dilemme du prisonnier

La solution logique du jeu (équilibre de Nash) serait que chaque joueur dénonce l'autre : chacun serait alors condamné à quatre ans de prison.

Inversement, en coopérant (en se taisant tous les deux), ils écoperaient chacun que d'un an de prison. Le dilemme du prisonnier illustre le conflit entre le bien-être collectif résultant de la coopération et les incitations individuelles à ne pas le faire. Dans une situation où l'un des deux joueurs n'est pas assuré des intentions de l'autre, il a intérêt au nom de la rationalité individuelle à opter pour la stratégie « avouer », alors même que l'intérêt collectif lui recommande d'opter pour la stratégie « nier ». D'où l'importance de disposer de lois, de normes et de règles sociales qui imposent une certaine coopération, mais qui, en pratique, ne sont pas faciles à trouver.

LIMITES DU MODÈLE ET EXTENSIONS

LIMITES ET CRITIQUES DU MODÈLE

Les limites et les critiques de la théorie des jeux sont nombreuses et concernent la notion même de jeu, la notion d'équilibre et les éventuelles applications de cette théorie.

Notion de jeu

Les théoriciens du jeu utilisent le mot « jeu » pour désigner tout modèle comportant une liste d'individus (joueurs), un ensemble de stratégies et des *payoffs* (gains). Le terme « jeu » ne fait pas référence à une activité symbolique ayant pour fin le plaisir, mais bien à un ensemble de contraintes assorties d'un enjeu.

Notion d'équilibre de Nash

Dans la vie de tous les jours, les équilibres sont généralement perçus comme des « états de repos » auxquels parviennent des systèmes jusqu'alors en mouvement. Or la théorie des jeux utilise le mot « équilibre » pour désigner son concept principal, à savoir l'équilibre de Nash. Celui-ci est obtenu, car chaque joueur anticipe correctement ce que les autres sont susceptibles de faire. Les choix étant faits simultanément, l'idée d'un processus menant à l'équilibre par des modifications successives des anticipations n'a pas de sens dans ce cas. Il est donc très difficile de penser « équilibre » sans songer à une forme ou à une autre de dynamisme.

Illustrons cela à l'aide du modèle du duopole de Cournot, dont l'équilibre de Nash est le digne héritier. Dans ce célèbre modèle de la concurrence imparfaite (structure de marché caractérisée par des producteurs capables de fixer un prix différent de celui du marché), chaque entreprise fait une offre en anticipant celle de l'autre. Sans rien connaître de sa concurrente, l'entreprise fait l'hypothèse qu'une fois son choix arrêté, l'autre entreprise ne changera pas d'avis. L'équilibre de Cournot est tel que chaque entreprise fait son offre en prévoyant exactement ce que fera l'autre. Dès lors, non seulement la dynamique menant à l'équilibre n'est pas établie, et qui plus est, la solution d'équilibre n'aura jamais lieu, sauf cas exceptionnel où l'entreprise tombe par hasard sur l'offre de l'autre.

Dans un même ordre d'idées, la critique peut également s'étendre à un autre modèle d'équilibre non coopératif, soit le duopole de Joseph Louis François Bertrand (mathématicien et économiste français, 1822-1900), dans lequel les entreprises proposent des stratégies basées sur le prix. On y observe notamment que l'équilibre de Nash n'a jamais lieu, car les deux entreprises fixent le même prix égal au coût moyen (supposé constant). Comme, à ce prix, leur profit est nul, elles ont toutes deux intérêt à proposer un prix supérieur au coût et ont donc une chance sur deux de faire un profit strictement positif (plutôt que nul). Par conséquent, aucune d'entre elles ne choisit la solution d'équilibre de Nash.

Un autre point qui pose problème avec l'équilibre de Nash est le fait qu'un joueur ne peut pas changer de stratégie une fois le jeu commencé. Cet aspect constitue également une limite de la théorie.

Applications de la théorie des jeux

Revenons à la définition de la théorie des jeux énoncée plus haut pour se rendre compte de la difficulté d'appliquer cette théorie aux situations de la vie réelle. Il est en effet pratiquement impossible de trouver des exemples de situations qui peuvent être ramenées au dilemme du prisonnier. En effet, les choix des individus sont largement influencés par le système de valeur résultant de l'éducation et de la culture. À défaut de pouvoir les observer au quotidien, les conditions de jeu sont créées en laboratoire. La théorie des jeux s'applique donc mal au réel, et ce, même dans un contexte qui semble au départ lui être favorable (interaction).

Pour terminer, soulignons que nombreux sont ceux (notamment Bernard Guerrien dans son ouvrage *La Théorie des jeux*, Paris, éd. Economica, 2010) qui considèrent qu'en règle générale, la théorie des jeux ne résout rien et ne propose rien aux joueurs. Elle attire essentiellement l'attention sur les problèmes que posent les choix d'individus en interaction, lorsque toutes les hypothèses du modèle sont spécifiées. Il s'agit donc de rester prudent vis-à-vis de cet outil d'économie expérimentale.

EXTENSIONS ET MODÈLES CONNEXES

Toutes les limites et les critiques précédentes sur la théorie des jeux émergent principalement du fait que l'on fasse référence à un jeu simple à un seul coup et du fait de la non-coopération entre joueurs. Qu'observe-t-on lorsque les joueurs coopèrent et que les interactions sont répétées à plusieurs reprises entre eux ?

Intuitivement, la coopération peut émerger plus facilement suite à des interactions renouvelées. C'est ce qu'on appelle « les jeux répétés ». Pourquoi votre fleuriste vous sert-il au même prix un bon bouquet de fleurs alors qu'il pourrait vous donner un moins bon bouquet qu'il aurait acheté moins cher ? Sans doute parce qu'il souhaite que vous reveniez les jours suivants. En retournant dans son commerce, vous coopérez en tant que consommateur.

La répétition des jeux introduit un puissant motif de coopération. Coopérer au premier tour incite à coopérer au tour suivant. Cette motivation n'existe pas dans les jeux statiques à un tour.

Il existe deux types de jeux répétés :

- ceux dont on connaît la fin avec certitude ;
- ceux dont on ne connaît pas la fin.

Cette distinction est importante, car les implications en théorie des jeux sont différentes.

Jeux finis

Ce qui importe dans ce type de jeux, c'est la fin, connue d'avance par les joueurs. Les résultats des tours précédents sont également connus par ces derniers. La détermination de l'équilibre de Nash passe par la méthode dite « d'induction rétroactive » ou *backward* induction.

BON À SAVOIR : INDUCTION RÉTROACTIVE

L'idée consiste à déterminer les stratégies optimales des acteurs au dernier tour du jeu. Puis on raisonne en remontant le temps de la dernière partie du jeu à la première.

Dans l'exemple du dilemme du prisonnier défini plus haut, il est possible d'entrevoir ce qu'il se passe si le jeu est répété un nombre fini de fois.

En dernière période (T), étant donné que le jeu s'arrête, la meilleure stratégie pour chaque joueur du point de vue de la rationalité individuelle est d'avouer (même résultat que dans un jeu statique). L'équilibre de Nash est alors d'application (avouer, avouer).

Au stade T-1 (avant dernière période), les deux joueurs trouvent encore de l'intérêt à coopérer, car ils savent qu'il reste une dernière période. On sait pourtant que durant celle-ci, nulle coopération n'est possible. Ainsi en T-1, il n'y a pas non plus d'avantage à coopérer et on retrouve à nouveau l'équilibre de Nash (avouer, avouer). Ce qui est vrai en T-1 l'est aussi en T-2 et ainsi de suite jusqu'à la première période. Par induction rétroactive, il est possible de montrer qu'à toutes les étapes, les joueurs vont jouer la stratégie « avouer ». Ce résultat s'explique par le fait que les joueurs anticipent ce qui va arriver.

Jeux infinis

Il existe deux types de jeux infinis :

- ceux dont les parties se poursuivent à l'infini (sans limite dans le temps) ;
- ceux, plus réalistes, dans lesquels le jeu s'arrête de façon imprévue (aléatoirement).

Dans le cas des jeux finis, il est possible de déterminer l'équilibre de Nash par induction rétroactive, car il suffit d'anticiper les choix des joueurs en T. Dans un jeu infini, ce raisonnement n'est plus valable, car il existe de nombreuses stratégies possibles et donc une multiplicité d'équilibres.

Un résultat central de la théorie de jeux, qu'il faut connaître, mais que nous ne démontrerons pas ici en raison de sa complexité, est le suivant : si les agents sont suffisamment patients, des stratégies comportant des phases de coopération réciproque sont des équilibres de Nash.

Essayons de comprendre ce résultat central de la théorie des jeux à la lumière du dilemme du prisonnier répété un nombre infini de fois.

Trois couples de stratégies sont possibles à l'équilibre :

- le joueur 1 choisit « avouer » et le joueur 2 choisit « avouer » de manière permanente. Au vu des constats observés dans les chapitres précédents, nous savons que cet équilibre présente un intérêt limité ;
- les deux joueurs conviennent de jouer « nier ». Dès que l'un des joueurs dévie de cet accord, l'autre rétorque en jouant « avouer » perpétuellement ;
- l'accord « œil pour œil, dent pour dent » selon lequel celui qui joue « avouer » est puni par l'autre qui joue « avouer » le nombre de fois qu'il faut pour lui rendre la pareille en termes de dommages causés (nombre d'années de prison). En effet, si le joueur 1 avoue, le joueur 2 choisira également d'avouer pour ne pas le laisser profiter de la liberté.

L'accord qui semble le plus crédible et le plus profitable à tous est celui dit « œil pour œil, dent pour dent ». Ce résultat est valable quel que soit la personne qui attribue la punition. Ainsi le fait de croire en une justice immanente, céleste ou terrestre, peut être un facteur de coordination et de stabilité au même titre que la menace de l'adversaire. Il est intéressant de constater que si les deux joueurs sont rationnels, ils ne dévieront pas de l'accord et, par conséquent, la punition ne sera pas appliquée.

MISE EN PRATIQUE DU CONCEPT – L'ÉCHIQUIER POLITIQUE

Supposons que dans un pays, les opinions politiques soient uniformément réparties sur un axe allant de l'extrême gauche à l'extrême droite et supposons que deux partis politiques (A et B) aient à se positionner politiquement en vue des élections afin de récupérer le maximum de voix.

Graphiquement, la situation se représente de la manière suivante :

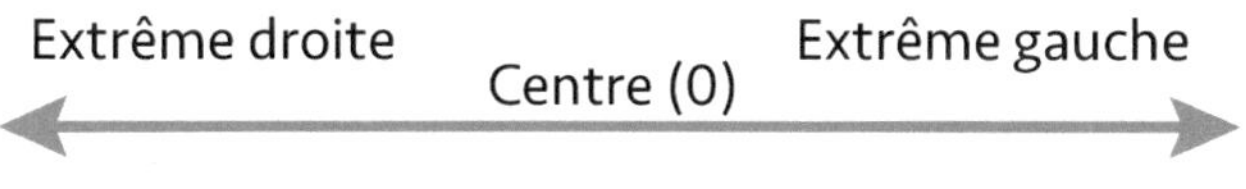

Échiquier politique

Enfin, supposons que les partis entrent l'un après l'autre dans l'arène politique et que l'électeur vote pour le parti le plus proche de ses préoccupations.

CAS 1

Si le premier parti (A) se positionne à gauche, le deuxième (B) se positionnera également à gauche, mais légèrement à droite du premier parti pour rallier une partie des électeurs du centre gauche, du centre et de la droite en vue de gagner les élections.

Cette situation est graphiquement représentée comme suit :

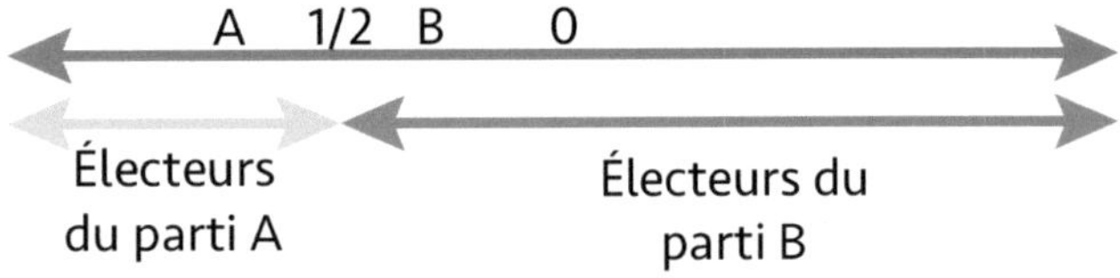

Échiquier politique : cas 1

Le deuxième parti (B) emportera toutes les voix des électeurs situés à sa droite plus la moitié des voix comprise entre lui et le premier parti (A) à sa gauche.

CAS 2

Si le premier parti se positionne à droite (A), le deuxième parti (B) a intérêt à se positionner également à droite, mais légèrement à gauche du premier parti pour gagner les élections.

Cette situation est graphiquement représentée comme suit :

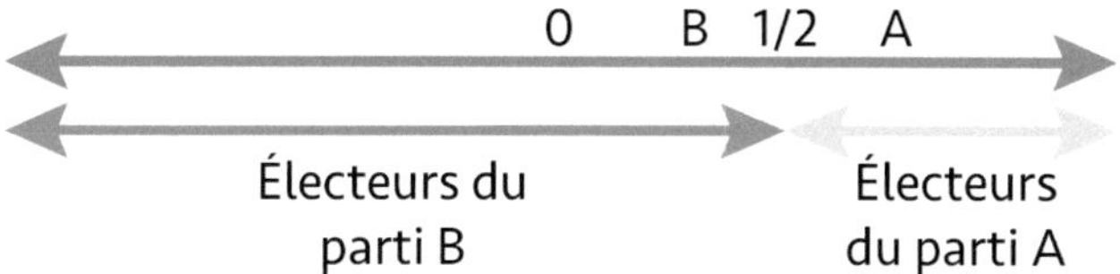

Échiquier politique : cas 2

Comme ce fut déjà le cas dans le premier scénario, le parti B l'emportera sur le parti A.

Les deux partis ont donc intérêt à se positionner au centre de l'échiquier politique. Ce résultat est loin d'être théorique, car il correspond assez bien à la situation politique observée aux États-Unis, où il est difficile de différencier les républicains des démocrates.

ET SI ON RAJOUTAIT UN PARTI ?

Supposons à présent que les deux partis politiques précédents savent qu'un troisième parti (C) a l'intention de faire son entrée dans l'échiquier politique du pays.

- Si la situation politique du pays est celle du cas 1, le troisième parti politique a intérêt à se positionner légèrement à droite du parti B pour récupérer près de la moitié des voix.
- Si la situation politique du pays est celle du cas 2, le troisième parti devra se positionner légèrement à gauche du parti B pour rafler près de la moitié des voix.

Pour éviter ces deux situations peu profitables alors qu'ils savent qu'un troisième parti veut rentrer dans l'arène, les deux premiers partis vont se placer respectivement au centre de l'électorat de gauche et au centre de l'électorat de droite. Ce faisant, ils vont récolter la moitié de l'électorat chacun.

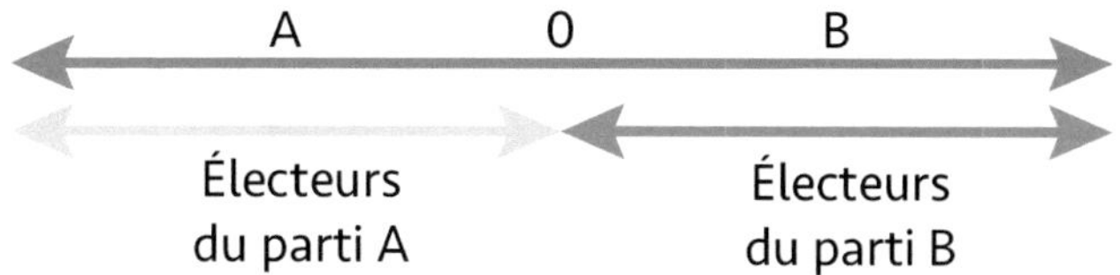

Partager l'échiquier politique ?

Et si malgré ce positionnement le troisième parti politique décide de rentrer dans l'arène, il récoltera un quart des voix (2/8) en se positionnant au centre de l'échiquier politique alors que les deux autres partis auront 3/8 des voix.

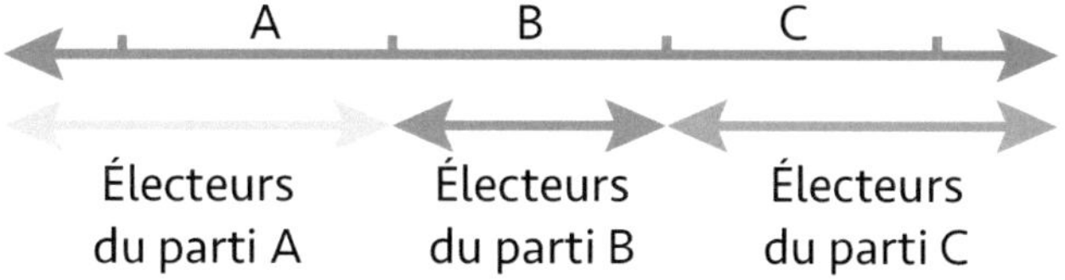

Trois partis sur l'échiquier politique

Dans cette situation, quel est l'intérêt du troisième parti de faire son entrée dans l'arène politique ? Un observateur extérieur dira surement qu'il n'y a aucun intérêt. Il faut pourtant nuancer, car, dans certains pays, ce positionnement peut se révéler payant. Dans un système politique comme celui de la Belgique, par exemple, un parti politique bien que minoritaire peut participer au pouvoir via des accords avec d'autres partis.

EN RÉSUMÉ

- Les prémices des analyses des jeux de hasard remontent à l'époque de la Renaissance. Les travaux d'Antoine Augustin Cournot, de Francis Ysidro Edgeworth, d'Ernst Friedrich Ferdinand Zermelo et d'Émile Borel participent ensuite activement à la définition de cette théorie.
- La naissance de la discipline date de 1944 lorsque paraît le texte fondateur *Theory of Games and Economic Behavior* de John Forbes Nash, John von Neumann et Oskar Morgenstern.
- Le concept de « solution d'équilibre des jeux à somme nulle » est proposé en 1950 par Nash et celui d'« équilibre parfait en sous-jeux » en 1965 par Reinhard Selten. Charles Harsanyi popularise le concept d'équilibre de Nash en 1967 et la même décennie Donald Bruce Gillies suggère une systématisation de l'équilibre général. À partir des années soixante-dix et quatre-vingt, la théorie des jeux connaît un développement important et de nombreux théoriciens du jeu sont récompensés (prix

Nobel d'économie).

- En plus d'être un formidable outil dans les négociations, la théorie des jeux a pour but principal de montrer que les individus, les entreprises et les pays sont mutuellement interdépendants et que l'interaction est bénéfique dans la résolution des problèmes communs. Elle montre également que la coopération n'est pas facile à mettre en œuvre et que, dans certains cas, il vaut mieux s'entendre que se combattre.
- Le champ d'application de la théorie des jeux est incroyablement large et s'observe au quotidien, en particulier sur l'échiquier politique.
- Les limites et les critiques de la théorie des jeux portent sur la notion de jeu (terminologie abusive qui fait référence au plaisir alors qu'il s'agit d'un ensemble de contraintes liées à un enjeu), sur l'équilibre de Nash (absence d'un processus dynamique conduisant à l'équilibre) et sur les applications du modèle (quasi-impossibilité de trouver des applications dans la vie réelle).
- Comme les critiques de la théorie des jeux visent principalement le fait qu'elle se limite à un jeu simple à un seul coup et à la non-coo-

pération entre joueurs, les théoriciens du jeu ont complété le modèle de base avec les jeux répétés (fini et infini), qui engagent les joueurs à coopérer plus volontiers.

- Bien que la théorie des jeux ne puisse pas s'appliquer à tous les aspects de la vie en société, elle est d'une utilité certaine en médecine, en politique, en stratégie militaire et en économie. Elle nous invite à réfléchir sur la complexité des interactions sociales, ce qui nous permet de prendre du recul sur les événements.

Votre avis nous intéresse !
Laissez un commentaire sur le site de votre
librairie en ligne et partagez vos coups de cœur sur
les réseaux sociaux !

POUR ALLER PLUS LOIN

SOURCES BIBLIOGRAPHIQUES

- Davis (Morton), *Introduction à la théorie des jeux*, Paris, Armand Colin, 1974.

- Friedman (James), *Game Theory with Applications to Economics*, Oxford, Oxford University Press, 1990.

- Gabszewicz (Jean), *Théorie du noyau et de la concurrence imparfaite*, Louvain, Recherches Économiques de Louvain, volume 36, 21-37, 1970.

- Giraud (Gaël), *La Théorie des jeux*, Paris, Flammarion, 2000.

- Moulin (Hervé) et de Possel (René), *Fondations de la théorie des jeux*, Paris, Hermann, 1979.

- Ponssard (Jean-Pierre), *Logique de la négociation et théorie des jeux*, Éditions d'Organisation, 1977.

- Portail de l'Encyclopédie Universalis, consulté le 21/05/2014.
  http://www.universalis.fr/

- Portails des archives-ouvertes, consulté le 21/05/2014.
  http://hal.archives-ouvertes.fr/

- Portail du Monde, consulté le 21/05/2014. http://www.lemonde.fr/

- Sᴍɪᴛʜ (John Maynard), *Evolution and the Theory of Games*, Cambridge, Cambridge University Press, 2002.

- Tʜɪssᴇ (Jean François), *Théorie des jeux : une introduction*, Notes de cours, Louvain-la-Neuve, Université catholique de Louvain, Département des sciences économiques, 2004.

- Tɪʀoʟᴇ (Jean), *Concurrence imparfaite*, Paris, Economica, 1985.

- Yɪʟᴅɪᴢoɢʟᴜ (Murat), *Introduction à la théorie des jeux. Manuel et exercices corrigés*, Paris, Dunod, 2011.

SOURCES COMPLÉMENTAIRES

- Bɪɴᴍoʀᴇ (Ken), *Jeux et Théorie des jeux*, Louvain-la-Neuve, De Boeck Université, 1999.

- Kᴜʜɴ (Harold), « Lectures on the Theory of Games », in *Annals of Math*, Studies 37, 2003.

- Soʀɪɴ (Sylvain), « A first Course on Zero-sum Repeated Games », in *Mathématiques et Applications*, n° 37, Springer, 2002.

- Yɪʟᴅɪᴢoɢʟᴜ (Murat), *Introduction à la théorie des jeux*, Paris, Dunod, 2003.

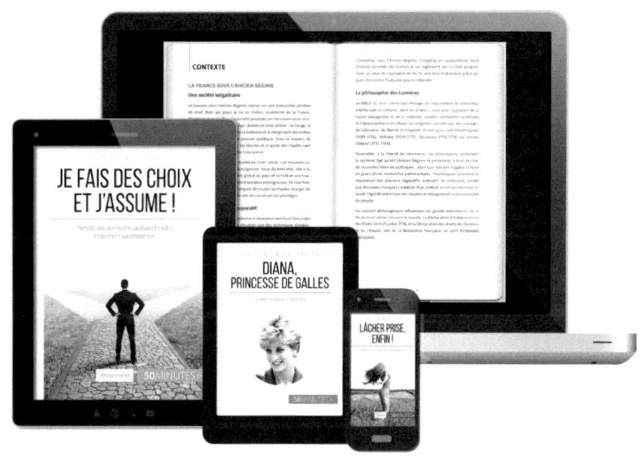

L'éditeur veille à la fiabilité des informations publiées, lesquelles ne pourraient toutefois engager sa responsabilité.

www.50minutes.fr

ISBN ebook : 978-2-8062-5718-5
ISBN papier : 978-2-8062-5719-2
Dépôt légal : D/2014/12603/121
Couverture : © Primento

Conception numérique : Primento,
le partenaire numérique des éditeurs